參訪寺院50問

學佛入門 Q&A

法鼓文化編輯部 編著

〈導讀〉

寺入寺出，所行無礙

寺院、廟宇與華人生活息息相關，不論是否有宗教信仰，逢年過節到寺廟燒香、禮佛都是華人重要的習俗。過去的城鄉聚落，均是以寺廟爲中心，而逐漸展開建設，例如臺北爲人孰知的龍山寺、保安宮等，都是位於當地居民生活圈的中心。時至今日，寺廟仍是許多人時常接觸的宗教場域。

寺廟是中國宗教建築的總稱。寺的原意是輔政官員聚集之處，在秦代左右，都城接待官員之處統稱爲寺。到漢代，特別以「寺」做爲接待西來僧人之處，此後「寺」就專指佛教僧人的居住與修行之處。「廟」原是指祭祀祖先與先聖先賢的地方，由於強調在奉祀往者，因此演變爲泛稱與鬼神有關的祭祀場所。雖然「寺」或「廟」都是中國宗教建築的一種，但字源的涵義不相同，也顯示出佛教寺院與民間廟宇在本質上的差異。

修建僧人居住、修行的寺院，匠師必然會設計出與「廟」祭祀功能不同的空間，實體的建築必須要有可以繞佛觀像的殿堂、居住的僧房、禪修的禪堂，甚至是阿闍黎（老師）傳授生活規準的講堂等等。外在的環境，則必須是清幽寧靜的。這樣的空間屬性，特別在忙碌的現代生活中，可以帶給大眾一個心靈休憩之處。我個人的學佛歷程，除了傳統佛典外，寺院建築也是令我找到心靈依止的入門處。

記得當年我尚未出家前，在臺南慈愛醫院照顧著生病的外婆，因為聽到隔壁開元寺的悠悠晨鐘音聲，劃破漫漫長夜的黑暗，天未亮就翻過圍牆，於莊嚴的大殿中做早課，聆聽嘹亮的梵唄聲，也許是這種亙古的音聲，喚醒了宿世的善根因緣，那種如遊子終於回到家的感動，竟不由自主地對皈依師父說：「我要出家！」

對於寺院建築的關心，也與我過去學習建築有關。淡江大學建築學系的學習，竟然深深地影響我的佛學思考模式，雖然，因為出家而沒有從事專業建築行業，但每每在研讀佛法準備講課時，佛法竟然在腦海中呈現如同建築般地架構化、系統化乃至圖像化，實在不可思議，也因此造就我個人講學的一大特色，而遨遊於海內外的弘法。

就讀成功大學建築研究所時，專注於古蹟建築再生、再利用的研讀與實踐案例，讓我更體會整修老建築、賦予老建築新生命力的重要性，正好在我住持的常住：覺風學院與永修精舍提供最好的實驗性場所。本來還準備繼續建築博士班的進修，卻因為海外弘法的因緣而中斷，畢竟我的身分是出家人，關於建築方面的使命就是搭起寺院與建築師之間的橋樑，讓佛教建築得到適當的發展！

我曾經有幸參與臺灣寺院部分的新建、重修，如新竹的福嚴佛學院、臺北的慧日講堂、宜蘭的幸夫愛兒園及花蓮瑞穗的聖覺學苑等等。同時也參訪過古今中外的寺院，如古印度以僧房爲主的毘訶羅（Vihāra），或以塔爲中心的石窟寺院；中國傳統的佛寺布局，日本現代化的佛教建築觀念，如安藤忠雄大師的水御堂，給予很大的啓發，泰國法身寺從傳統走向現代化，並且舉辦大規模的禪修方式等等。儘管有些古寺已經不再有宗教性的活動，而以文化遺址的面貌讓人參觀，若寺院還有僧人駐錫，可得到很好的維護，使來到寺院的每一個人，處處都能感受到設計者與使用者的用心。所以，不論是古寺或現代化的寺院，縱使形式、樣貌、功能已經不盡相同，但所下的苦心，都會讓前往朝禮者深深爲其攝受，感受到內心的寧靜與平和。

本書分作四個單元，以五十個問題，提供大衆參訪寺院的入門指南。第一單元「來去寺院結佛緣」，說明寺院的歷史、寺院建築的發展歷程以及寺院各殿堂的功能。第二單元「參訪寺院原來如此」，提供參訪寺院前應該注意的事項，以免到了寺院，卻不得其門而入。第三單元「行止合宜心安定」，介紹在寺院活動時，應該注意的禮儀。因爲寺院有許多不同的人在此活動，包括原有的住衆、志工、信徒以及參訪的民衆，爲了避免相互干擾，因此寺院有些共同的規範。第四單元「心無罣礙自在行」，一般人認爲寺院是宗教場所，因此有些民間「禁忌」，然而這些禁忌大多是誤解，此單元將一一解答多數人對於寺院的誤解，讓民衆到寺院時不再被無謂的禁忌所限制，可以身心泰然地悠遊其中。

寺院建築除了功能性，也是一種藝術形式的展現。建築設計時，往往會將佛陀的教法融入其中，因此大眾來到寺院時，除了得到心靈的寧靜外，也可藉著藝術的形式領略佛陀的智慧，進一步提昇生命的成長。當讀者透過本書，了解參訪寺院的各種「眉角」後，如果能安排一趟寺院巡禮，親身經歷，相信一定會有所收穫。

釋覺譴

新竹永修精舍住持
北投覺風佛教藝術學院院長
楊英風藝術研究中心負責人

目次

2

參訪寺院原來如此

3

行止合宜心安定

4 心無罣礙自在行

1

來去寺院結佛緣

Question

01

爲什麼要參訪寺院？

提起佛教寺院，你想到的是琉璃碧瓦，還是殿堂內的莊嚴佛像？是院落裡的參天古木，或是一池荷花？什麼時候會讓你想去寺院走一走？

千百年來，寺院特有的建築景觀，傳遞著寧靜、安定的氛圍，帶著人們回到生命最初的感動。走進寺院，只要用心體會，不論是處身於寬敞的殿堂內禮佛，或是靜心觀賞一朵水蓮、一塊大石，都能讓人脫落煩惱，安心自在。

與寺院空間進行心靈對話

當我們實地走訪寺院，透過參學、禪修、拜佛、聽經等方法，和殿堂內的佛像、景觀對話時，便產生了一個屬於自己的心靈空間，而建築所蘊涵的修行禪

（鄧博仁　攝）

味，則讓每一次的接觸，都有不同的收穫。雖然一般人不論是否信仰佛教，逢年過節都會習慣到寺院參拜，祈求全家身體健康，諸事順利。但若是能暫時放下種種心念，在參訪寺院時，用心體驗每一個當下，你會感受到自己煥然一新。隨著步伐移動，殿堂空間景物的變換，展開一場心靈的淨化之旅。

無聲說法的力量

寺院建築，讓人深刻體會無聲說法的力量，一如聖嚴法師所說：「一草一木都是幫助我們修行的工具，助成修行的場域。」如果我們能練習將這分澄淨帶回日常生活，用修行的方法來體驗、觀察，那麼無處不是鍊心的空間了。

面對緊張忙亂的生活，參訪寺院能補充消耗的身心，恢復元氣活力。當我們進入莊嚴沉靜的寺院，看見佛菩薩的慈眉善目，種種煩惱紛擾，瞬間也隨之化為一抹微笑，撫平了紊亂的心。而寺院裡的法師、居士，不但可以請法交流，能為我們的人生解惑，多元的課程服務，更能開啓心的智慧，豐富生活。
何不找個時間，到寺院參學去！

Question

02

佛寺原本不是寺？

在印度佛陀時代，僧衆起居修行的場所，最初稱爲「精舍」，例如設於中印度王舍城的「竹林精舍」與舍衛城的「祇園精舍」，這些具有佛教特色的精舍，便是佛教最早的寺院。由於當時的精舍，大都建築在城郊外幽靜的林地，因此又稱「蘭若」，意即寂靜之處；或稱「伽藍」，意指僧衆所居的園林。

爲什麼佛教傳入中國後，反而以「寺」爲名，例如寒山寺、靈隱寺？

「寺」原來是官署

我們現在所稱的「寺院」，其實原是「寺」和「院」的合稱。

（許朝益　攝）

「寺」，原指中國古代官方接待外賓的官署，例如鴻臚寺。相傳攝摩騰、竺法蘭從西域到洛陽弘法時，朝廷便是在鴻臚寺接待他們，後來漢明帝下令於洛陽城西雍門（西陽門）外為兩位法師建造「精舍」，稱為白馬寺，從此之後，「寺」便成為佛教僧眾弘法、修行所在地的代名詞。而白馬寺也成為中國第一座寺院。

「院」原來是官舍

「院」，原來也是專指官舍。佛教傳入中國以後，每個朝代都有人翻譯佛經，有官方支持的，也有私人發心的。唐高宗時，便下令建造大慈恩寺做為官方的譯經場所。由於寺和院都是僧侶用功辦道的場所，就把兩者合起來稱為寺院。

從官府移作佛寺之用的情況觀來，也就不難看出漢傳佛教建築脫胎於宮殿、官舍的軌跡。

Question 03

寺院有哪些別名？

寺院建築歷經漫長的時代變遷，因著各地文化不同，產生許多不同的名稱，簡介如下：

一、**精舍**

意爲精進修行者的居舍。中國佛教道場以精舍爲名，始自晉代。因當時僧人以翻譯經論爲要務，故僧人住所必能聚集群賢，讓佛寺成爲精研學術的處所。

二、**蘭若**

也稱「阿蘭若」，意爲閒靜處。即在村外的空地之處，或獨自一人，或二、三人共造小房做爲居住、清靜修道之所。或不造房屋，只棲息在大樹之下，也可

（許翠谷　攝）

以稱爲阿蘭若處。

三、僧伽藍

簡稱爲「伽藍」，又名「僧伽藍摩」。僧伽，意爲衆；藍摩，意爲園，合起來是「衆園」的意思，也就是指僧衆們共住的園林，中國禪宗的禪林、叢林，即源於此。

四、叢林

「僧伽藍摩」本意即是「叢林」。《大智度論》卷三說：「多比丘一處和合，是名僧伽。譬如大樹叢聚，是名爲林。」會以樹林做比喻，將寺院稱爲叢林，是因衆多僧人居住在一起修行，就如同樹木一樣聚集在一處。

五、庵

爲出家者或隱遁者居住的草菴。

六、堂

本意是殿堂、殿宇的意思，有依照所供奉的佛菩薩名號而命名的，例如觀音殿、地藏殿等；也有根據其用途而命名的，例如齋堂、禪堂、念佛堂、講堂、客堂等。

七、寶刹

刹的意思爲土地，寶刹是衆寶所成的國土或世界。佛教用寶刹代指寺院如同佛國淨土，是莊嚴之地。

八、道場

道場是指出家人安心修道的場所。隋煬帝時曾經下詔，詔令所有的寺院都改稱爲道場，並將宮中做佛事的場所，稱爲內道場，所以佛教寺院又稱爲道場。

九、講寺

即講解佛教經論之處，用以弘揚佛法、度化衆生。

十、蓮社

專指修行淨土法門的道場。東晉慧遠大師在江西廬山創立念佛社，而念佛的目的是得乘九品蓮花往生淨土，所以又將念佛社稱爲蓮社。

Question

04

寺與廟有何不同？

一般人常以爲「寺」和「廟」是一樣的，分不太清楚少林寺、媽祖廟、土地公廟，稱寺或稱廟有何不同，只知道都可以參拜祈福。其實，「寺」和「廟」是截然不同的。

塔廟是指佛塔

《法華經．方便品》中說：「若人散亂心，入於塔廟中，一稱南無佛，皆已成佛道。」似乎廟是自佛教原始就有的道場，實則不然。《法華經》所稱的塔廟，其實是「塔婆」的另一種翻譯，塔婆、塔廟皆是指佛塔，不可將塔廟二字分開解釋。塔廟的「廟」字，不能當作單獨的「廟」字解釋。

（張晴　攝）

廟並非佛教的建築名稱，《說文解字》解釋「廟」字：「尊先祖貌也。」所以古代王家祀祖的宮室，稱爲宗廟，後世的士大夫階級，也都仿效王室而立家廟以祀祖先。在佛教傳入中國前，即有廟的名稱。

寺、廟供奉對象不同

廟不但可以祀祖，也可用來奉神，但不宜用於稱佛教道場。因爲廟裡除奉祀祖先，如祖廟、太廟、宗廟，對如孔子具特殊貢獻的人物也立廟奉祀，還將讓人們敬畏的鬼神皆一起供奉。

「寺」既已成爲佛教寺院的專用詞，以佛、菩薩爲修學典範，稱佛教道場爲「寺」，較爲適合，勿將寺、廟名稱混用。

Question

05

佛教建築發展歷程爲何？

「一時，佛在舍衛國祇樹給孤獨園，與大比丘眾千二百五十人俱……。」從佛典中，經常可以讀到佛陀與弟子們說法、遊化的場景，當時的寺院是什麼模樣呢？和中國寺院的樣貌相似嗎？佛殿、禪堂、佛塔等建築，是如何演變而來的？

回溯到二千多年前的印度，在原始佛教時期，佛陀和弟子們居無定所，白天托缽，入夜住在茅棚或村內集會堂，直到佛陀制定雨季安居，才從雲遊轉爲定期在茅棚安居。後來才有追隨者以自己的土地供養佛陀和僧團，在園林中蓋僧舍、講堂等設施，可說是佛教寺院的濫觴。

佛陀涅槃後，各地信眾起佛塔、造佛像以緬懷佛陀，並慢慢發展出石窟寺院。佛教從印度傳入中國後，佛教建築隨著時代演變，也呈現出不同的風格。最初仍如印度以佛塔爲主體，但已發展出樓閣式塔、亭閣式塔等漢傳佛塔風格。

南北朝時期，佛法大盛，許多王公貴族將宅第捐作寺院，因此雕樑畫棟、堂皇富麗。以北魏靈太后所建的永寧寺爲例，木造佛塔高達百丈，在京城百里外便可以看見，塔剎四周還裝飾寶瓶、金鐸，隨風搖曳。塔的後方有佛殿，四周則是講堂、僧房，顯現中國宮殿的恢弘氣勢之外，以塔爲中心的四合院布局，呈現了漢傳佛寺最初的樣貌。有趣的是，這些宅第原有的園林也成了獨特的寺院景觀。

中國佛教寺院的布局

到了隋唐時代，寺院建築便是在宮殿的基礎上展開新的樣貌。除了保存塔的形式，寺內也陸續興築佛殿、法堂、僧堂、戒壇等空間。

隨著殿堂的完備而有「七堂伽藍」，意謂完整的寺院必須具備七種殿堂，不過七堂的配置，因時代和宗派的不同而有出入。以研究經論的講寺來說，必須有塔、佛殿、講堂、鐘樓、藏經樓、僧房和食堂；禪宗則是以佛殿、法堂、僧堂、庫房、三門、西淨、浴室爲七堂。

早期佛寺以塔爲中心，塔內供奉舍利、袈裟、經像等，塔如同佛的化身；但唐宋以後改以群像布局，寺院流行起造大佛像，因而有大佛殿或大佛閣的出現。佛殿崛起後，塔的地位逐漸動搖。最初塔仍與佛殿並列，但到了宋朝，佛塔的位置開始後移，甚至退居寺外，元代以後多數佛寺只建佛殿而不蓋塔，塔的地位完全被佛殿所取代。不過，宋朝以後，禪淨合流；獨樹一幟的禪宗寺院，再度擴建爲包括經藏、輪藏、鐘鼓樓、伽藍堂、祖師殿、塔林等的盛大規模，從百丈禪師創建的百丈禪寺，以及南宋著名的「五山十刹」的發展可見一斑。中國佛教寺院的布局至此大致底定。

當代佛教建築的創新

一千多年來，寺院內外井然的布局、重簷歇山頂、金色琉璃瓦、雕樑畫棟、燕尾起翹……，是大眾所熟悉的佛寺特徵；然而，隨著社會環境、文化藝術、營造工法等的變遷，尤其是經典教義、寺院創建者理念，爲當代佛教建築注入新的養分，開展出多元活潑的向度。

從印度的單一佛塔，演變到近代走入市井生活的現代化大樓、景觀道場，佛教建築發展至今，不斷地與時代對話、揉合，不僅創造富含佛法意趣的空間，在邁向機能化、生活化、永續和諧的歷程中，也像一座座佛的化身，在熙來攘往間，以無聲說法指引我們安心、鍊心的方向。

（李蓉生　攝）

Question

06

寺院的功能是什麼？

寺院本是僧衆修行的地方，同時也是信徒集會的場所，但是隨著弘法的多元化，寺院的功能也變得多樣化。

藝術與文化的殿堂

自古以來，寺院即是藝術的殿堂，不論佛像雕刻、繪畫，甚至寺院建築本身，都是一種藝術，保存珍貴的傳統文化。寺院並且提供社會救濟、文化教育資源，發揮佛法的慈悲與智慧，成爲社會的安定力量。

多元化的寺院功能

因此，寺院不單只是僧衆修行的場所，功能非常多元，包含講經弘法、法會

（張晴　攝）

懺儀、禪修念佛、超薦消災、教育傳播、急難救濟……，既救濟眾生，也同時淨化社會。用活潑多元且吸引人的方式，讓更多人認識佛教、親近佛教，進而信仰佛教。

Question

07

是三門還是山門？

當我們進入佛教道場時，通常會先經過「三門」，到底應稱爲「三門」還是「山門」呢？

三門是三解脫門

由於中國佛寺大多建於山林之間，所以佛寺大門常被稱爲「山門」，象徵由世俗轉入菩提之道，可超凡入聖，轉迷爲悟。入寶山不可空手而回，學佛者應將習氣留在山門外，潛心修行。但是，其實「三門」才是較爲正確的說法。

三門一般爲牌樓式建築，有三道門，代表空門、無相門、無作（又稱「無願」）門，三道進入「涅槃宅」的智門，即「三解脫門」。如果我們希望從煩惱、

（江思賢　攝）

痛苦、業障的束縛中得到解脫，就必須親自修行體證「空」、「無相」、「無願」。

三門也表示智慧、慈悲、方便，三種解脫煩惱的法門，或表示信、解、行三階段修行程序。

重在象徵意義而非形式

三門如果蓋成殿閣式，則稱爲「三門殿」，殿內塑二大金剛力士像，護守寺院；有的三門殿兼作天王殿，則安置佛教護法四天王。現代寺院有些與鬧市毗鄰，也有將三門省去，外觀上與一般建築的正門無異。

三門著重在其象徵意義，並不一定眞的要有三道門，因此，當看到有的寺院，如果三門只有一道門時，也無須驚訝。

Question

08

寺院有哪些殿堂？

人們參訪道場進入三門後，會看到大殿、齋堂、禪堂、寮房、大寮等相關殿堂空間，有些殿堂可能很熟悉，有些地方卻又很陌生。你可知道一座寺院有哪些「標準配備」？每個殿堂空間又具有什麼功能？讓我們一起走進寺院，認識基本的寺院殿堂。

一、天王殿

供奉彌勒菩薩，又稱彌勒殿。彌勒塑像正對三門，讓人一進入寺院，就能見到佛陀接班人，寓意人人皆能成佛。

二、**鐘鼓樓**

鐘樓是寺院晨昏報時、集眾所用，最初設在內庭，位於法堂的東北，與藏經樓的位置相對稱，稱爲「左鐘右藏」；宋代以後，則移到三門或天王殿東側，並且在西側的對稱位置增設鼓樓，安放法鼓，也做爲法會時，集眾與報時之用。

三、**佛殿**

佛寺的正殿，又稱「大殿」，爲供置佛、菩薩像的殿堂，主要的佛事活動都在佛殿舉行。宋代末期開始，佛殿成爲禪宗寺院最重要的主體建築，取代法堂的重要性。依照供奉的主尊，佛殿有不同的名稱，供奉釋迦牟尼佛像的稱爲「大雄寶殿」，供奉觀音菩薩的稱爲「圓通寶殿」。大雄寶殿的造像有：三身佛、三世佛、華嚴三聖、娑婆三聖、一佛二弟子等，主尊都是釋迦牟尼佛。

四、法堂

又稱「講堂」，位於大殿後方，是宣講佛法、傳戒集會的場所，爲僅次於大殿的主要建築。

五、藏經樓

保藏佛教三藏十二部典籍、佛教文物與法器的殿閣，設有藏主、知藏等執事管理。

六、方丈

寺院的住持與長老居住、說法之處。「方丈」是指地方狹小，只有方丈之地。方丈室建於寺院內院，靠近禪堂，方便住眾接受住持和尚指導。

（鄧博仁　攝）

七、禪堂

是禪修打坐的地方，是禪宗寺院的重要建築，一般建於寺院中心偏西的僻靜處。以往稱爲僧堂或雲堂，並兼作僧眾的齋堂，兼具有坐禪、飲食、休息三種功能。經過時代演變，禪與食分離，改設禪堂在西、齋堂在東，成爲寺院定制。

八、齋堂與大寮

寺院住眾用齋的地方稱爲「齋堂」，又稱「五觀堂」，是因堂中供奉彌勒菩薩，並且掛有一幅「食存五觀」偈語，標示出用齋也是一門修行法門。大寮又稱「香積寮（廚）」，是寺院的廚房，設有典座師、行堂師，掌理全寺僧眾飲食。

九、庫房

寺院的職事堂，又稱爲「庫院」。庫房總管佛事法會與僧眾生活的必需物資，以及寺院的財務經濟、房舍修繕、法寶流通、經書印刷等，是重要的部門。

十、祖師殿

又稱「祖堂」。祖師殿供奉該寺開山祖師，或者中奉中國禪宗初祖達摩，左邊爲六祖惠能或馬祖，右邊爲百丈禪師，其他宗派寺院則祀本宗祖師。也有寺院未設祖師殿與伽藍殿，而在配殿中供奉大殿本尊之外的諸佛菩薩，因而稱爲藥師殿、彌陀殿、觀音殿、文殊殿、普賢殿、地藏殿等。

十一、伽藍殿

與祖師殿對稱，建於佛殿或法堂東方。殿內供像三尊——波斯匿王、祇陀太子、給孤獨長者，感念其護持佛法，兩旁另供美音、梵音、天鼓等十八伽藍神，共同守護寺院。如果供守護伽藍的土地像，則又稱土地堂。

以上的殿堂空間，並非每個寺院都齊備，要看寺院的規模和空間大小，而有所調整。

Question

09

什麼是大雄寶殿？

大雄寶殿即是佛殿、大殿，大雄是佛的德號，大者，具包含萬有意；雄者，爲攝伏群魔意。因釋迦牟尼佛具有大智力，能降伏魔障，故稱大雄。《法華經・從地踊出品》有言：「善哉！善哉！大雄世尊！」

大雄寶殿是寺院的中心，舉凡各種重要法會、儀式等都在此舉行。大雄寶殿如同時供奉釋迦牟尼佛、阿彌陀佛、藥師如來，便稱此三尊爲「三寶佛」或「三世佛」。如供奉釋迦牟尼佛、觀音菩薩、地藏菩薩，便稱此三尊爲「娑婆三聖」，因他們與娑婆世界特別有緣。如供奉釋迦牟尼佛與二大弟子迦葉尊者、阿難尊者，則稱爲「一佛二弟子」。無論如何供奉，都以釋迦牟尼佛爲主。

（釋果禪　攝）

Question

10

廚房爲何稱香積？

寺院爲何稱廚房爲香積呢？一般團體的廚房分工組別，常取名爲「伙食組」或「膳食組」，佛教則不但取名爲「香積組」，並且稱在寺院廚房幫忙的義工菩薩爲「香積菩薩」。

香積一名由來

「香積」一名出自《維摩詰經．香積佛品》，據經文所說，距娑婆世界上方過四十二恆河沙佛土，有佛國名衆香，佛號香積。香，是離穢之名，宣散芬芳；積，爲聚集之義，積聚功德。意指此佛殊勝莊嚴，是由衆多功德妙香積聚而成。此佛國的衆生鼻根偏利，一切以香爲法，不須語言音聲，只要鼻識緣香，便可悟道。因此，其國香氣，超出十方諸佛世界的天人之香。

有天近午時刻，當聞法中的舍利弗正肚飢，並思及大眾也應同進食，被維摩詰知覺後，便變化出一菩薩往衆香國乞食，香積佛稱許維摩詰功德，於是以衆香鉢盛滿香飯，交與維摩詰化身的菩薩前往舍利弗所在的毘耶離城，飯香不但普熏全城，甚至廣及三千大千世界，聞者莫不身心暢快。

香積佛的天下第一香飯

據說香飯是香積佛累劫修行所得的淨果，與世間米飯不同，食用後能讓人罪垢脫落，身心自在，所得功德不可思議。因此，佛教寺院便取「香積世界香飯」之意，稱廚房與料理爲「香積」。

Question 11

寢室爲何稱寮房？

寺院的住房，通稱爲寮房，不稱爲臥房。「寮」指小屋，字義爲簡陋的草寮房，是一種謙虛的說法，表示無法在此居住得很舒適。

修行者不應貪求住處豪華寬敞，睡臥高廣大床，室內最好除了必備的起居用品，沒有多餘物品，以免擾亂心緒。雖然住處簡陋，但仍應保持整齊潔淨。因此，寺院的寮房不論有無住宿者，都需保持簡單樸實，沒有多餘陳設。

爲不干擾修行，在寮房內如有事交談，皆需輕聲細語，平時也不會在室內播放音樂，以專一用功修心。

（張晴　攝）

Question

12 齋堂爲何稱五觀堂？

寺院的齋堂又稱「五觀堂」，也就是吃飯時要具備五種正確的觀念，即所謂的「食存五觀」。

食存五觀

這五觀分別爲：第一「計功多少，量彼來處」，吃飯的時候，想到這頓飯得來不易，是由許多人共同成就的，如果能思量到這頓飯的來處不易，就能產生惜福、感恩的心。

第二是「忖己德行，全缺應供」，思量一下自己的德行淺薄，實在不足以接受這種豐厚的供養，也就是心存慚愧之心。

五觀堂
食存五觀
一、計功多少量彼來處
二、忖己德行全缺應供
三、防心離過貪等為宗
四、正事良藥為療形枯
五、為成道業應受此食

（李東陽　攝）

第三是「防心離過，貪等爲宗」，時時提醒自己，不要眷戀食物的美味，助長了貪戀。

第四是「正事良藥，爲療形枯」，應將飢餓看成一種疾病，把食物當成治療飢餓病的藥，所以，用餐只是爲了治病，不是爲了滿足口腹之欲。

第五是「爲成道業，應受此食」，爲了成就佛法的道業，必須借助身體來修行，所以，應該接受這個供養。

以五個觀念時刻提醒自己

隨著時代的改變，雖然各寺院用齋的形式各有不同，有些仍依照傳統禪宗叢林過堂的方式，由「行堂」爲大衆添飯菜茶水；有些則採取自助餐式，由自己盛飯菜，但不變的是「食存五觀」，以這五個觀念來審查自己的心念，時時提醒自己。

Question

13

寺院裡住有哪些人？

住在寺院的人，主要包括：出家人、行者、淨人、居士，都是因共同的修行理念而同住。

佛教的教團稱為僧伽、僧團，包含出家人與在家人，名為七衆弟子：

1. **比丘**：受比丘戒的出家男性弟子。
2. **比丘尼**：受比丘尼戒的出家女性弟子。
3. **式叉摩尼**：由沙彌尼進入比丘尼階段中的出家女性弟子。
4. **沙彌**：出家但尚未受比丘戒的男性弟子。
5. **沙彌尼**：出家但尚未受比丘尼戒的女性弟子。
6. **優婆塞**：又稱清信士、近事男、近善男，即在家的男性弟子。

7.優婆夷：又稱清信女、近事女、近善女，即在家的女性弟子。

優婆塞、優婆夷皆是在家弟子，通稱爲「居士」，意爲居家之士。如果將在家弟子再細分爲：近事男、近事女、近住男、近住女，則名爲九衆弟子。近事男、近事女是只受三皈五戒的在家弟子，過男女同居生活者；近住男、近住女則是近於出家生活，不過男女同居生活，受持八關戒齋或住於寺院的弟子。

需要過居家生活的近事男、近事女，通常只會短期住在寺院修行或是協助處理寺務。近住男、近住女如長期住在寺院，傳統稱爲「淨人」，現代有的寺院會稱爲「近住義工」。淨人是受持五戒的居士，住在寺院協助僧人勞務工作。

Question

14

什麼是出坡？

在寺院用餐後，或是經過佛殿、庭院時，有時會聽到有人說：「出坡時間到了！請大家一起幫忙出坡！」出坡，簡單來說就是工作，就是勞動服務，請大家協力一起勞動工作。

出坡不論尊卑及內容

出坡又稱為「普請」，是出於禪林從事作務、勞役時，普皆請求大衆，上下合力，爲唐朝禪宗百丈懷海禪師制立清規，以定叢林綱紀，施設「普請法」的出坡制度。

爲何稱勞動爲「出坡」呢？因爲當時禪宗的寺院多建在山間，每天要到山上耕作，所以叫作「出坡」。出坡是不論尊卑上下，年齡大小，一律要隨眾勞動，不論是墾荒、插秧、種菜、擔水、造房舍，全部由僧眾自己動手。現代出坡的範圍比古代更寬廣、更多樣性，除有動態的日常寺務勞動，也有較靜態如文書一類工作。

出坡成就修行環境

現代寺院仍保持出坡制度，全寺的僧眾都要出坡。甚至位居山間的寺院，有的仍保有「農禪家風」，農忙時，寺院中的僧人都要下田幫忙。一般寺院在結束法會、課程或修行活動後，也會請參與者一起出坡，通力合作打掃與整理，共同成就修行環境。

因此，出坡也是一種修行，在出坡過程中，收攝身心，活在當下，專注於出坡的內容，這也是實踐禪法，體驗禪心。

（李東陽　攝）

Question
15
寺院的出家人平常都做些什麼？

人們常常誤以為出家人不問世事，每天都是安靜禪坐或讀經，生活很輕鬆簡單。佛陀時代的僧人，生活確實非常單純，但是現代僧人因現代弘法方式多元，法務變得非常繁忙，工作量有時可能比朝九晚五的上班族還沉重，必須有過人的願心與毅力才能承擔。

內務與執事兼顧

現代法師在寺院的日常工作，通常會分兩大類，一類是生活起居作務的內務，另一類是所領的執事工作。處理生活內務外，不僅僅是打掃環境的勞動出坡，還需要弘講佛法、支援法會，準備過程耗時、耗力，相當繁忙瑣碎。

（張晴　攝）

執事是指執掌事務者，寺院以住持為領導，有四大班首：首座、西堂、後堂、堂主，以及八大執事：監院、知客、僧值、維那、典座、寮元、衣缽、書記，一起輔佐住持工作，讓寺院整體運作順利。

出世與入世兼修

現代出家人在寺院傳統執事工作外，如果寺院發展出相關事業體，如出版社、基金會，還需要領職擔任職場工作，因此不只要熟悉出世的佛法義理，也要懂得入世的世學技術，才能內外兼修，弘法利生。

2

參訪寺院原來如此

Question

16

所有寺院都可以直接參訪嗎？

由於每個寺院的規定有所不同，並非所有的寺院都開放參訪，所以最好能事先詢問清楚，以免失望而歸，也給寺院增添困擾。

事先詢問以免造成不便

特別是有時寺院可能正舉辦禪七、佛七等修行活動，或是進行僧眾的結夏安居，不便對外開放參觀。甚至，也可能進行建築整修或重建。例如日本有的寺院，冬季可能謝絕參訪。如果適逢前往的寺院地處偏遠，不能參訪可能也會造成自己的不便。

另外，事先詢問，若有用餐需求，或是需要導覽，也方便寺院準備。或能因

（胡麗桂　攝）

此得知寺院舉辦的一些活動訊息，如可報名參加，更加歡喜。

電話詢問或網路查詢

大部分的寺院都訂有開放參訪或共修的時間，只要在參訪之前，先打電話詢問，或從網路了解寺院的作息與開放時間，就可以安排一趟洗滌塵俗、淨化心靈的寺院之旅，體會佛教寺院的清淨祥和。

Question

17

寺院的生活作息時間為何？

寺院的作息，通常都是大同小異的，僧眾大約早上四點起床，晚上九點休息。一般對外開放的時間，約在上午早齋過後，如果晚間沒有對外提供共修活動或佛學課程，大約晚上六點前，就會關閉寺門。

參訪者如想參加寺院的早晚課共修，或需要用餐，或想拜訪法師請教問題，在參訪前，最好能事先確認寺院作息為宜。以下提供基本的作息為參考：

起板：即是起床時間，約上午四點或四點半，也有提早至三點半起床。

早課：約上午五點，時間長短不一定。

早齋：即是早餐時間，約上午六點。

（吳瑞恩　攝）

出坡：即是打掃工作時間，通常為結束早齋之後進行。
午齋：即是午餐時間，約中午十一點或十二點開始用餐。
午休：約中午十二點三十分至下午兩點，視各寺院情況而定。因為出家人清晨早起，所以通常都會安排午休時間。
晚課：約下午四點至五點，時間長短不一定。
藥石：即是晚餐時間，約下午五點至晚上七點。由於有的寺院過午不食，意即過午就不再進食，所以可能不提供晚餐。
安板：即是睡覺休息時間，約晚上九點或九點三十分。也有的人不立即就寢，會繼續禪修用功。

由於各寺院的自修與共修時間不定，修行法門也不同，所以如想參加禪修、念佛、誦經、講經等共修活動，仍應電話詢問。

Question

18

參訪寺院第一站要先去哪裡？

一般人到達寺院後，可能會有「不得其門而入」的困擾，不知道該從哪裡參訪起？不知道有哪些地方可以參觀？應該要注意哪些禮節？遇到法師該怎麼辦？導致無法盡興參訪，最後只好打道回府。

請教知客處

進入寶山千萬不要空手而回，遇到任何困擾時，只要到寺院的「知客處」詢問，就可以得到滿意的答覆了。知客處是寺院對外的門戶，負責協助訪客，因此不論遇到任何疑難，先找知客法師就對了！例如想要報名參加修行活動，或是要供佛、打齋……，都可以撥電話或直接到寺院請教知客處，便可得到親切的解說與所需服務。

（張晴　攝）

取得寺院最新活動資訊

知客處除了可以協助參訪者了解寺院建築與熟悉環境，還會說明所提供的多種服務項目。因此，參訪佛寺先到知客處一趟，告知來訪目的或尋求幫助，不但不必擔心會走錯地方，失禮難堪，還可得知相關資料與近期活動。

Question

19

參訪寺院要注意什麼？

走進寺院時，人們最先感受到的就是寺院特有的寧靜祥和氣氛。沉浸其中，平日緊張煩躁的身心，自然也跟著放鬆起來。如果仔細觀察寺院中人，會發現他們的舉手投足間比一般人多了一分從容與自在，這些學佛人展現出的從容自在，來自所依止的禮儀規範——學佛行儀。

隨心而不逾矩

很多人覺得規矩太多會束縛人，其實在團體生活裡，正因大家都能遵守規矩，互相禮敬，所以才能產生安定的力量，讓人安心地自由自在行動，不會互相干擾妨礙。佛教的禮儀規範，用意在於幫助出家人或居士應對進退皆能如法，讓日常修行生活有所依止，提醒隨時不忘觀照心念。只要掌握學佛行儀的基本原則

（張晴　攝）

與正確觀念，就能隨心而不逾矩。

在我們行禮如儀時，如能了解每個舉止動作的意義，便能幫助我們達到攝心、安心的目的，而不會有拘束之感。

遵守寺院的禮儀規範

寺院是僧團的修行道場，並非觀光景點，因此參訪時必須遵守寺院的禮儀規範，尊重住眾的生活秩序。

在拜訪過知客處後，應先至大殿禮佛，再到各殿堂禮拜，而後再參觀整體環境或辦理事情。就如參訪鄰家時，要先跟主人打招呼的道理一樣，進入寺院，也應先向佛菩薩問安。如欲會見住持、法師等，應在客堂等候；或欲巡禮各處，要確認是否需要請法師或職事人員帶領。

參訪寺院時，說話語氣應輕柔和藹、輕聲細語，勿大聲喧嘩，見人就恭敬合掌說聲「阿彌陀佛」。如帶小朋友同行，需特別叮嚀小朋友不要奔跑追逐嬉戲，以免干擾寺中修行。

此外，也不要帶寵物進入寺院，因為寵物較難控制，萬一到處奔跑、吠叫，除影響寺衆修行，也會干擾到其他參訪的信衆。

由於寺院接受十方大衆的布施供養，因此有人誤認為寺院裡的東西都可以隨意拿取。其實不只不應拿取寺內物品，乃至一花一草一木，也不能任意攀折。如果希望帶一些寺院紀念品回家，與親朋好友結緣，可以請教知客處。通常知客處會有結緣品與十方大衆結緣，例如道場的佛書、影音產品等。

有機會參訪寺院，不妨暫時收起玩樂的心，不急著拍照留念，或匆忙趕行程，才能慢慢品味寺院的禪意。寺院的建築設計與景觀規畫，大多涵義深遠，整體環境是一種自然境教。靜下心來體會寺院建築與一草一木的自然禪味。潛移默化中，自己的言行舉止，自然而然就會具有一種威儀與氣質。能以體會、欣賞的沉穩心境，領略寺院帶給我們的心靈收穫。

Question

20

有什麼物品不能帶入寺院嗎？

寺院重視護生，餐飲皆爲素食，所以不但不能帶葷食入寺，非素食者最好在參訪前，也不食用氣味重的蔥蒜食物，以免交談時產生尷尬情況，這是一種基本的尊重和禮貌。

由於佛教徒持守五戒：不殺生、不偷盜、不邪淫、不妄語、不飲酒，所以菸酒與含酒精成分食物，也不能帶進寺院。

在寺院裡，不抽菸、喝酒或嚼檳榔，除是持守清淨戒行，也能讓人的行爲舉止，看起來莊重有威儀。

（陳重光　攝）

Question

21

去寺院要留意服裝穿著嗎？

參訪寺院雖可放鬆身心參觀，但是在服裝穿著上，仍需多加留意，以免失禮。

為尊重寺院，最好不要穿著拖鞋入寺。服裝宜整齊大方、簡單樸素，應避免過於暴露的奇裝異服。女眾不要穿背心，袒胸露背，不著短褲、短裙；男眾不可著汗衫與短褲。

如果準備參加法會或禪修活動，要穿著寬鬆的衣褲，以便於禮拜，以免衣褲過緊，不便禮佛跪拜。

（李蓉生　攝）

Question

22

可以直接拜訪方丈嗎？

住持是一寺的代表，不但要代表寺院對外往來，爲信衆說法，更要承擔教化僧衆的工作，讓僧衆能夠安心修行，責任重大。由於一般人最熟知的寺院法師，就是「住持」，所以遇到問題時，第一個想到的，可能就是想請住持協助解決問題，而參訪寺院時，最希望拜會的也是住持。

可請知客處法師解惑

有的人則是因爲不認識寺院的法師，因此不管遇到任何問題，一到寺院就說要找住持，或撥電話指定要住持爲其解答。如此突然提出拜訪要求，容易產生困擾。其實，這些問題不一定都要由住持回答，可請教知客處的法師，寺院也可能另有專門的服務單位，例如提供佛法解惑與心理諮商輔導的「甘露門」。

（張晴　攝）

在生活中運用佛法

雖然有的參訪者可能覺得來到寺院，應與方丈合照留念，方不需此行。但來到寺院參訪，更有意義的應是向法師「請法」，將佛法的智慧帶回家，活用在生活裡，親身體驗佛法的妙用。

Question

23

如何參加寺院活動？

寺院是弘揚佛法的地方，爲了讓人們親近佛法，寺院常舉辦很多修行活動，例如法會、禪修活動、佛學講座、佛學課程、營隊活動等，可以自行選擇有興趣的活動來參加。

了解寺院活動訊息

如何知道活動的相關訊息呢？通常很多法會活動是例行性的，會事先規畫出來，有的道場甚至會將半年內的相關活動，編印成行事曆，可以在知客處索取，再根據自己的興趣和時間安排參加。有的寺院則會出版寺訊會刊，其中也都會刊載相關活動的廣宣與說明介紹。

知客處、網路皆可報名

另外，現在網路十分發達，也可藉由網路、電子報等方式得知活動訊息，十分方便。這些活動都可以透過知客處、網路等管道來報名。有些法會還可以隨喜參加，可根據自身興趣或需求參與，藉此進一步親近寺院，接受佛法熏習。

Question

24 可以去寺院過年嗎？

每逢中國新年，寺院會掛上吉祥的燈籠，貼上祝福春聯，迎接大眾到寺院禮佛走春。很多道場從除夕到正月十五期間，都會規畫各種結合修行與新春祝福的活動，從年前的除舊布新、撞鐘辭歲，到新春期間的點燈、拜懺、法會修行，無非是希望透過種種活動，接引大眾親近佛法，把握開春好時節，增長智慧、種福培福。

除夕禮懺撞鐘

年三十在民間有「過年關，算總帳」的觀念，意謂結清舊帳，才能重新出發，過個平安吉祥的好年；寺院則以「拜年懺」，做為對過去一年行爲的反省和懺悔。從除夕午間開始，寺院就有「禮八十八佛」、「禮佛大懺悔文晚課」或「彌陀普

（許朝益　攝）

佛法會」，在歲末最後一天共同禮懺，送舊迎新。

此外，設有鐘樓的佛寺，年夜飯後都有撞鐘祈福儀式，邀請大眾一起「聞鐘聲，煩惱輕，智慧長，菩提增」。當撞到第一〇八響時，正好是大年初一零時整，代表斷除過去、現在、未來的種種煩惱，迎接全新的一年。

新春普佛、拜懺

大年初一，寺院常以「新春普佛」法會起始，普佛是懺儀的一種，用意是懺悔往昔種種惡業，在心靈上除舊布新，祈求新的一年消災免障。此外，「千佛懺」、「大悲懺」和「觀音法會」，都是新年期間常見的懺儀，皆能藉著至誠懇切的禮拜與懺悔，淨化身心，感受無比法喜。

為自己和家人點燈，已是民眾過年期間的例行活動。新春點燈，一方面燃燈供佛，爲衆生祈福；另一方面藉由點燈儀式，許下一念善願，當下即與諸佛菩薩的慈悲智慧相應。元宵節當天，寺院還會舉辦燃燈供佛法會，在佛前點燈迴向，藉著佛的智慧之燈，燃盡災禍衆業，照破幽暗煩惱，點亮智慧心光，迎接光明的新年。

Question

25

可以參加寺院的早晚課嗎？

很多人嚮往寺院的暮鼓晨鐘生活，希望有機會參加僧團法師的早晚課，但是不知該如何參加，也不知要注意些什麼事。

事先詢問早晚課時間

寺院通常都會開放大眾參加早晚課，但最好仍要先詢問。例如很多寺院清晨五點便開始做早課，但尚未開啓門鎖，所以如非住在寺院，未事先請教，可能會不得其門而入。如果希望能在早課後，一起隨眾用早齋，也宜先行詢問能否用餐，以免造成寺方不便。

佛教梵唄莊嚴攝心

晚課通常在下午四點或五點舉行，法師一般見到新訪客，可能會主動邀請一起參加，如有疑惑可適時請教，或是一樣請教知客處。通常居士在寺院做早晚課，會穿著海青，如果未穿著海青，仍可參加早晚課，但位置會排在穿著海青者之後。領到課誦本後，如果發現有些經文、咒語不知如何發音唱誦，或速度跟不上，不一定要念誦出聲，也可以靜心傾聽即可。

有些人在參加過寺院的早晚課後，便被莊嚴的佛教梵唄深深吸引，期待下次再來寺院參加共修。

（鄧博仁　攝）

Question

26 可以在寺院用餐嗎？

很多人對參訪過的寺院，最念念不忘的就是美味齋食。寺院通常都可以提供用餐，但仍須先請教知客處，除方便寺方確認用餐人數，也能得到進入齋堂的方位引導與禮儀解說。

留意用餐時間

寺院因是團體生活，用餐時間都是固定的，所以要留意供餐時間。僧眾上齋堂用餐稱爲「過堂」，在過堂前，會有信號表示。有些寺院在齋堂前都會掛著狀如雲朵的雲板和狀如長條魚的魚板，用於三餐報時，當聽到打板的信號後，即表示可以進入齋堂用齋。

（吳嘉峯　攝）

有的寺院不提供晚餐，是因爲持守「過午不食」戒。佛陀制定過午不食戒，是因佛陀年代的出家人，都要托鉢以獲得飲食，某天一位皮膚黝黑的比丘在夜晚到一戶人家托鉢，懷孕的女主人開門一見到他，以爲遇到鬼，嚇得流產，所以佛陀立下晚上不托鉢的規矩。

藥石即是晚餐

過午不食戒是基於當時的時代背景跟因緣，佛陀時代的僧人生活單純，托完鉢、用完餐後就回到樹林打坐、聽法，沒有什麼勞務，所以一天只要吃兩餐。現代僧人因應時代與眾生需要，道場的弘化工作多樣化，有些人需要食用三餐，保持體力，大部分寺院仍會提供晚餐。但是，道場將晚餐稱爲「藥石」，意指把它當作藥來吃。因此，寺院有時會詢問參訪者：「需要用藥石嗎？」意思即是：「需要用晚餐嗎？」

Question

27

可以住在寺院嗎？

想要體驗住在寺院的生活，最好的方式是報名參加有過夜的修行活動，通常寺方都會做好食宿的安排。如果只是單純想借住一晚，可直接請教知客處。一般稱借宿寺院爲「掛單」，所以有的人在請教知客處能否提供住宿，會問：「請問可以掛單嗎？」

掛單的原意

掛單原本是指雲遊參學的行腳僧投宿寺院暫住。「單」是寺院僧堂東、西兩序所錄的寺內僧眾名單，僧人的衣缽平時就掛在名單下的鉤子上，所以行腳僧入寺後，要在東、西兩序牆壁貼上名字，並將衣缽掛上，稱爲「掛單」。

掛單要配合團體作息

由於寺院是團體生活，所以住在寺院，需要配合團體作息。例如起床與就寢時間、用餐時間，如果過了用餐時間，可能需要另外覓食。由於寺院都是早睡早起，晚上最好不要夜遊，配合大眾休息時間。另外，有的深山寺院不一定全天供應熱水，可能會限定盥浴時間。由於寺院的一切物資都是來自十方供養，在使用上一定節儉愛惜，珍惜自己的福報。

離開寺院時，要將房間整理乾淨，並告知負責接待的人員將返家，再至大殿禮佛，告假回家。

（胡麗桂　攝）

Question

28

爲什麼要打板？

在寺院裡，常有機會聽到清脆的打板聲，如果恰爲中午時段，可能會聽到有人親切地提醒你說：「打板了！吃飯了！」

寺院的早起、晚息、集衆、用齋，通常都是以敲打板聲爲信號，除通知寺院衆人，也是告知護法龍天寺院作息情況。

打板的功能

古時候沒有時鐘，「板」是寺院內報知時刻或集會時敲打的器具。當板聲響起，代表一個新的作息開始。寺院處處懸掛著大板、小板。依懸掛地點不同，名稱各異。不同的擊法，代表各種不同意義，而有多種板名。打板的功能，主爲報

（張晴　攝）

時與報事。

例如形狀如雲朵的「雲板」，於清晨鳴鐘、擊鼓後敲響，稱為「小開靜」，之後雲板與諸堂板齊鳴，稱為「大開靜」，全寺住眾皆起，開始一天的作息。如有機會住在寺院，清晨可聽到起板的聲音，提醒大眾起床，晚上睡前還可聽到最後安板的聲音。

打板提醒自我精進修行

有的板上會刻著「生死事大」四字，便是時時刻刻提醒修行者要精進。寺院每天的早晚課、用齋……，種種作息皆要打板，也意在提示大眾生死無常，要精進修道。出家僧眾的生活，每日在打板聲中，井然有序。

3

行止合宜心安定

Question

29

在寺院如何打招呼？

走進寺院，經常看到人們親切地雙手合掌致意。這個寺院裡最常用的打招呼方式，被稱爲「合十」。

從容自在的合十

一般人的打招呼手勢，大概不外揮手、握手，或是張開雙臂擁抱，比較活潑熱情。但是當我們一走進寧謐的寺院，寺裡沉靜、和緩的步調與氣氛，總會讓人不自覺地放低聲音、放緩步伐，包括打招呼的方式，也都變得斯文起來。而合十的動作，不僅可以收攝內心，也給人一種謙和的印象，是佛教徒日常生活中最常用的禮節之一。

甚至當我們感到緊張、焦慮或心浮氣躁時，合十可以讓我們平和、安定，集中注意力。把雙手合掌放在胸前的動作，看似簡單，但是對平穩情緒很有效。

除了遇到人可以合十表示問候、招呼之外，如果經過法師身旁，或穿越大殿佛前，也可以合十的姿態，稍稍彎腰欠身經過，表示自己的禮貌與尊重。

此外，佛教徒在寫信時，也會用「某某人『合十』」做爲信末署名，這是一種表達謙遜、恭謹心意的方法。

掌握放鬆而專注的要領

合十的動作簡單，但仍需要掌握放鬆而專注的要領，才能幫助調身、調心，方法爲：

1. 輕輕合起雙掌，手指併攏，手肘自然彎曲，置於胸前約呈四十五度。

（吳瑞恩　攝）

2.合雙掌時，雙眼下垂，目光注視合掌的指尖，能夠凝聚心神，排除妄念。

3.盡量放鬆，讓氣息往下沉，以達到逐漸安定的作用。

合十雖然是佛教徒常用的生活禮儀，但是透過肢體的動作，最終除了達到端正儀容的身儀之外，也能達到向內收心的效果，讓心沉穩、安定。參訪寺院時，更能以自在、寧靜的身心狀態，與寺院的步調融合在一起，感受禪意。

下次到寺院參訪時，不用擔心碰面尷尬、不知如何打招呼，只要雙手合十，點頭說聲「阿彌陀佛」即可。

Question

30 該稱出家人爲師父或法師？

參訪寺院時，很多人迎面遇到僧人時，往往不知該如何稱呼，所以有時甚至只好尷尬走避。其實，只要心存恭敬，不論是稱師父或法師皆可，即使稱呼不小心說錯，法師不但不會怪罪，反而會適切說明，讓我們也可從中多學一課。

請教法師的法號

通常遇到不認識的法師時，可以先請教法師的法號：「請問您的『上下』如何稱呼？」上下二字的意思是「上求佛道，下化衆生」，因此佛教徒爲表達對法師的敬意，就以「上下」爲稱呼法師的方法。

（郭金典　攝）

注意禮儀態度

而在向法師請教問題前，或是平常遇到法師時，都可雙手合掌或行問訊禮說：「阿彌陀佛！」在與法師說話時，則可保持雙手合掌，除可免去手足無措的緊張感，也可幫助人精神專注。

下次參訪寺院，再遇到僧人時，千萬別因不知如何稱呼，或不知如何交談，繞路而行，錯過了請教佛法的機會！

Question 31

爲什麼在寺院要稱人爲菩薩？

在寺院裡，通常不稱呼人爲先生、小姐，而用「師兄」、「師姊」或「菩薩」。因此，我們經常聽到法師稱居士爲「菩薩」，或居士間也如此互稱。稱呼人爲菩薩，不但說的人高興，聽的人歡喜，也可與人廣結善緣，更可時時提醒自己，要有像菩薩般的慈悲助人之心。

菩薩心腸

菩薩，是梵文音譯，全名是「菩提薩埵」。菩提是覺，薩埵是有情；菩薩，便是覺有情。菩薩是覺悟的有情，並且也能覺悟一切眾生的痛苦，同情一切眾生的痛苦，進而解救一切眾生的痛苦。所以我們通常將樂善好施和扶困濟厄的人，稱爲「菩薩心腸」。

菩薩眼中的衆生，也都是菩薩。例如，我們看到小孩或老人時，要稱他們爲小菩薩、老菩薩。我們看待別人是菩薩，自己也要學習做菩薩，大家都是修行道上的同伴。

以菩薩行廣種福田

菩薩行的最後目的是要學佛成佛；爲此做奉獻，願意爲大衆服務，便是發了菩薩願的菩薩行者。要維持道場的正常運作，需要有許多發心的義工來奉獻及服務，所以寺院常稱義工爲菩薩行者。

Question 32

爲什麼要頂禮法師？

有些初次隨朋友到寺院拜訪法師的人，看到學佛的朋友向法師五體投地頂禮拜下時，可能會感到疑惑，不知道應該跟著一起拜下，或是站在一旁就好。

頂禮法師非偶像崇拜

其實佛教徒所頂禮的並非法師個人，而是佛、法、僧三寶的「僧寶」，所以向法師頂禮，並非對法師個人的崇拜，而是出自內心對三寶的恭敬與感恩。

頂禮法師的時候，要先口稱：「頂禮法師三拜。」如果法師說：「一拜就好！」或「問訊就好！」則依從法師的話，並回一聲：「阿彌陀佛！」

供養法師的方法

如果想要供養法師，在頂禮法師後，可雙膝跪地，將物件雙手奉上說：「供養法師。」此時，不應說是「與法師結緣」，因爲供養是下對上的禮節，結緣則是上對下的客氣話，所以要稱爲供養。

另外，在頂禮法師前，也要留意環境與時機合適否，比如當法師正在用餐、搭車、讀經、睡臥時，或是在人多鬧處、廁所等不淨處，便不宜向法師頂禮，此時只要雙手合掌或問訊即可。

（李東陽　攝）

Question

33

看到佛菩薩一定要跪拜頂禮嗎？

偶爾到寺院走走逛逛，可以藉著清幽的景致，領略繁華塵世難得的清淨，從扶疏的花木，感受「萬物靜觀皆自得」的自在，這確實是心靈極大的享受，但如果沒有走進寺院的主體——大殿，去向佛菩薩頂禮、問候，似乎是很可惜的事。但是很多人認爲自己不是佛教徒，或不燒香、不拜拜，只是到寺院散散心而已，因而與佛菩薩擦身而過。

溫和敬謹的問訊

其實到大殿頂禮佛菩薩，不一定非要燒香或拜拜不可，雖然佛教徒一般會用頂禮的方式展現恭敬心，但如果不方便頂禮，「問訊」則是另一種較自在方便的方法。問訊的意思，即是問候、請安，是佛教徒常用的禮節。

另外，有的人因為習慣民間信仰的拜拜，所以到寺院看到佛菩薩，也本能地把雙掌放在胸前，前後用力擺動，如果能換成問訊的動作，會顯得比較莊嚴。

表達虔敬的心意

問訊的方法為：

1. 合起雙掌，目光注視中指指尖。
2. 向下彎腰約九十度，當彎腰要直起身子來時，合十的雙手也同時變換姿勢。
3. 左手的中指、無名指、小指，蓋住右手的中指、無名指、小指；兩手大拇指尖輕輕相接觸，食指尖也輕輕相接觸，讓食指與大拇指剛好略呈三角形狀。
4. 隨著上半身緩慢沉穩站直，雙手舉高至眉心（但不需要以指尖碰觸額頭）。
5. 最後輕輕將手放下，至胸前時回復合十姿勢，然後放下雙掌即可。

除了可用問訊方式禮敬佛菩薩，如果看見法師正在行走，或吃飯、講話、演說，不便頂禮時，也可用問訊的方式代替，表達虔敬的心意。

Question
34 進入大殿禮佛要注意什麼嗎？

通常參訪寺院時，去過知客處後，便會進入大殿禮佛。

身無長物地禮佛

進入大殿禮佛前，要先整理服裝儀容，然後脫鞋、脫帽，以祥和平靜的緩慢步伐走進去。如果有重物或大背包，要先卸除，最好能身無長物地禮佛。如果不熟悉問訊、禮佛的方法，可請知客處法師指導示範。禮佛時，爲尊重住持，不要使用位於中央的拜墊，要使用兩側的拜墊。

以心香禮敬佛菩薩

如有同行的長輩們，習慣至民間信仰的廟裡拜拜，想要拿香拜拜，可以告訴

（釋常照　攝）

他們寺院不提供香品。點燃心香頂禮佛菩薩，更顯虔誠心意，比較環保健康，避免煙熏汙染。如果長輩們不習慣或身體不便頂禮拜佛，也可改用問訊，或雙手合十表達誠心即可。

大殿內可以自由參觀，但是不能隨意敲打法器，或帶走寺內物品。

Question

35

如何拜佛？

不了解佛教的人，認爲拜佛就是迷信。事實上，佛教是透過拜佛的動作，禮敬佛菩薩，表達對佛、法、僧三寶的尊敬與感恩；同時，拜佛也可懺悔自己所造的惡業。因此，拜佛是每一位佛教徒必先學習的宗教儀式。

成熟稻穗向下垂

拜佛的動作，是心誠意敬地將雙手合掌，低頭彎腰，五體投地——兩肘、兩膝以及額頭著地，完成頭面接觸佛足的最高敬禮，所以又稱爲頂禮。彎腰低頭表示謙虛，承認自己的福德智慧不足，而當五體投地，接觸到大地時，則令人感動於大地孕育衆生，負載衆生，涵容一切的精神，所以，能懷著感恩心，以飲水思源的心，感謝大地，感謝一切衆生。

而從拜佛的動作，讓人聯想到，當人的內心充滿了禮敬、感恩與懺悔時，也有如稻穗一樣的，因成熟而下垂；而拜佛的意義，也就是如此了。

拜佛的方法為：

1. 站立合掌，兩足成外八字形，腳跟相距約二寸，腳尖距離約八寸，目光注視兩手中指尖。

2. 右手先下，左手仍做合掌狀，腰徐徐下蹲，右臂向前下伸，右掌向下按於拜墊的中央（或右膝前方），左掌仍舉著不動，兩膝隨即跪下。跪下後，左掌隨著伸下，按在拜墊中央左方超過右手半掌處。禮佛時，兩腳尖勿移動或翻轉。

3. 右掌由拜墊中央右方（或右膝前方）向前移動半掌，與左掌齊，兩掌相距約六寸，額頭平貼於地面。

4. 兩掌握虛拳，向上翻掌，手掌打開，掌心向上掌背平貼地面，如蓮花般承接佛足，此名為「頭面接足禮」。當頭著地時，係以「額頭」接觸地面，並非「頭頂」去著地。

5. 起身時，兩手握拳翻轉，手掌打開，掌心向下貼地，頭離地面或拜墊，右手移回拜墊中央（或右膝前方）。

6. 左掌舉回胸前，右掌著地將身撐起，直腰起立，雙手合掌立直。

清楚每一個動作

拜佛時，應當要慢慢拜下，慢慢起立，一個動作、一個動作，非常清楚自然，動作緩慢一些、輕鬆一些、柔軟一些，輕鬆緩慢地體驗拜的每一個動作，以及動作的感覺，不要把拜佛的動作弄得急促、緊張。否則拜得太快，會慌、忙、急、亂，反而失去了寧靜、安定。

拜佛時，前額著地，背部保持平直，身體是柔軟的，甚至接觸的地面也是柔

（吳瑞恩　攝）

軟的、清涼的。拜下去之後，用自己的心體驗自己的兩隻手掌，站起來之後，體驗雙手、雙腳的動作和感覺。感覺自己的體驗，體驗自己的感覺，感覺每一細微的部分。

如果拜佛的時候，只有動作而沒有用心、缺乏慚愧心，那只是磕頭如搗蒜的拜佛，對於人格的提昇很難有作用。

如果不便來寺院拜佛，也可以在家中佛堂或空曠明亮處，藉由禮拜來懺悔、感恩，或舒緩身心。特別是當感到心浮氣躁時，不妨透過拜佛的動作來安定煩亂的心思吧！

Question 36

寺院用餐有什麼特別禮儀嗎？

很多人到寺院參訪時，每遇到吃飯時間，即使在法師的親切招呼下，仍然裹足不前，不是覺得齋堂的氣氛太過肅穆、安靜，令人不敢輕易進入；就是會因不明白吃飯的規矩，害怕在齋堂中渾身不自在，不知該怎麼坐、怎麼吃才對，所以，即使肚子很餓，也會委婉推辭說不用齋飯。

其實，只要了解了佛寺用餐的精神和規矩後，將會發現，這些規矩看似束縛，其實，都有其意義和作用，能安定人心，讓人更放鬆、自在，甚至每一個動作都有修行的作用，因此，只要了解後，自然不用緊張。

有些寺院用餐方式爲自助餐，有些則是有專人爲大眾添飯菜茶水。如果是以

（吳瑞恩　攝）

自助餐的方式，在打菜時要遵守秩序排隊，並應先禮讓法師。盛好飯菜後，直接回到座位，向上問訊過後，便可就坐。

供養諸佛菩薩

坐定後，先檢查自己是否已正身端坐，然後合掌供養諸佛菩薩，默念：「供養佛、供養法、供養僧，供養一切眾生。」佛教在飯前所做的供養，和基督教的飯前祈禱不一樣，供養的意義在於培養自己的恭敬心和廣大的心量，希望食物能遍及十方，利益所有一切眾生。

接著，左手拿碗，姆指在上，四指在下，如龍含珠一般；右手拿筷，如鳳點頭。拿起筷子來，先以筷子觸碗的右邊默念「願修一切善」，次觸左邊默念「願斷一切惡」，最後再用筷子觸中間默念「願度一切眾生」，這些動作的用意，無非讓自己收心、攝心，並時時自我警惕，即使在吃飯時，也不可放逸。如此也能讓自己眞正專心吃飯，嘗出菜根香。

用餐時，以食就口，不要屈身或低頭，莫嚼出聲音，不可交談說話，專心一意地感受吃飯的每個動作，這不但合乎健康的原則，更是禪修活在當下的觀念。要心存感恩地享用齋食，珍惜福分，所以不要浪費食物。

配合團體一起結齋

當用餐結束時，會聽到一聲清亮的引磬聲，即表示要停止用餐做結齋。這時候不論是否已經用完餐，都要立刻放下碗筷，隨大衆唱誦〈結齋偈〉：「南無薩哆南，三藐三菩陀，俱胝南，怛姪他，唵，折隸主隸，準提，娑婆訶，所謂布施者，必獲其利益，若爲樂故施，後必得安樂，飯食已訖，當願衆生，所作皆辦，具諸佛法。」

在這些看似繁複的儀式中，每一個動作，其實自有其意義和作用，都具有與修行、健康、衛生相呼應的精神。明白了這些精神後，不只在寺院的齋堂，回到家中也可以應用，讓每天的吃飯也成爲一項修行的功課。

Question

37 鮮花、供品可以自行供佛嗎？

傳統拜拜的方法，常一到廟裡，便是先將全部供品一字排開排滿桌，然後就供花、燒香祈福。但在寺院中，佛前的鮮花、供品通常都有專人在處理，如果大家都將自己帶來的鮮花、供品自行拿去供佛，供桌自然顯得凌亂，無法保持整潔乾淨。

心意最為重要

有的人以爲帶去寺院的供品，愈豐盛愈好，表示自己對佛菩薩的心意眞誠。而且誤以爲將這些供品轉贈寺方，具有很大的布施功德，能讓生活變得順遂。

其實，這往往反而造成寺院處理上的困擾，特別是容易過期的食物、容易腐

（王傳宏　攝）

敗的鮮花，或是實用功能不大的物品。

交由知客處處理

最好的作法爲，將要供佛的鮮花、供品，直接請教知客處如何處理，最爲禮貌妥當。

Question

38

去寺院不點香、燒紙錢，就不夠虔敬？

有些人去寺院或廟裡拜拜時，都習慣手拿香、燒紙錢。如果兩手空空，不拿香，可能連怎麼拜拜都不會拜，沒有燒到紙錢，感覺好像吃飯未付錢，心裡總感到不踏實，覺得自己對佛菩薩不夠虔誠恭敬。

虔誠之心與佛相印

其實，這些都是自己的心理作用，徒增煩惱困擾。佛菩薩能自在變化，沒有物欲需求，是不需要點香、燒紙錢，只要我們以一顆虔誠的心禮佛，就能與佛菩薩心心相印。

避免製造空氣汙染

不論是點香或燒紙錢，都會造成空氣汙染，影響身體健康。在重視環保生活的現代社會，很多寺院已經不提供信衆香品點香，也不焚燒紙錢。與其大量焚燒香、紙錢做供養，不如將這些經費資源轉爲護持佛法之用，更能與佛菩薩的願心相契合。

（李蓉生　攝）

去寺院不點香、燒紙錢，就不夠虔敬？

Question

39 寺院法器可以試敲看看嗎？

寺院的鐘鼓，以及法會使用的多種法器，讓很多人心感好奇。難得有機會在參訪寺院時看到鐘鼓，便想試看看撞鐘與擊鼓。或是小朋友看到佛殿裡的大木魚與大磬，以及齋堂前的雲板、魚板，感到非常有趣，就可能會吵著想敲看看或摸看看。

龍天護法的耳目

法器既然名爲法器，表示它的用途爲佛法的修行器具，不同於一般樂器或日常用品。寺院殿堂裡的法器皆爲龍天護法的耳目，不能擅自敲打。一旦使用法器，便等同召集十方諸天護法與會。因此，法師或居士即使是練習法器，都要先告知龍天護法：「弟子衆等，練習梵唄，請諸護法龍天免參。」讓他們知道只是

（張晴　攝）

練習，並非舉行法會。

不能擅自敲打法器

有的法器，如用於打板報時的梯形木板，如果隨意敲打，可能會造成寺內眾人弄錯時間，產生困擾。因此，進入寺院不能擅自敲打法器。

4

心無罣礙自在行

Question

40

爲何進大殿不能走中門？

進大殿禮佛時，大殿的三扇門，中門通常都是關閉不開放通行的，要從左右門進出，或是由兩側的另外入口進入。有的人會納悶，爲何不能走中門呢？這是留給佛菩薩的專行道，或有什麼特殊原因嗎？

原因並不神祕，因爲中門位於佛的正前方，平日我們從佛前走過，都會彎腰欠身通行，以表示敬意，更何況是直接走向佛。因此，中門一般都是在接待長老、貴賓，或是法會迎請主法法師時，才會開啓，以表示對佛的禮敬。

佛教的規矩制定，不會有神祕色彩，通常都是出於禮儀尊重，或保護、調柔大衆的身心，讓我們的言行舉止能安定自在。

（許朝益　攝）

Question

41

去寺院一定要點燈、捐香油錢嗎？

有的人不太敢參訪寺院，是因對捐款感到有壓力，覺得去寺院未做大供養，可能會得不到佛菩薩的護佑。

寺院內雖設有功德箱，卻不會勉強參訪者，一定要點燈或捐香油錢，都是量力而爲，自由決定，所以不用因此感到不自在。供養燈的主要目的，主要是祈求智慧之光，如果爲此感到煩惱，實在可惜。

點燈的另一個功能，其實是協助護持僧團運作。爲維持龐大的法務開銷，還是需要有善款捐獻，但是不需要因此而過度勉強自己，隨緣盡分結善緣即可。

（李蓉生　攝）

Question

42

寺院的香灰可以治病嗎？

傳統農業社會時代，因求醫不易，所以家人生病時，往往就近至寺院或廟裡取香灰，代替藥粉讓病人和水服下。有時不知是因對神明信仰的信心，讓身體免疫力增強關係，或是因休息消除疲勞，有的病竟就不藥而癒，讓人認為寺院的香灰可以治病。

因此，有的人在參訪寺院時，會想帶走一些香灰備用。甚至認為如能加入寺院法會的「大悲水」飲用，療效更快。如果少量飲用傳統成分較單純的香灰水，對身體可能不會有太大傷害，但現代製香的添加物，不但無益於治病，反而可能會傷身，切莫飲用。

生病仍應盡快就醫，以免延誤最佳的治療黃金時間。

Question

43

爲何在寺院找不到籤筒與筊杯？

很多人拜拜參訪寺院的目的，是希望能得到佛菩薩指點迷津，但卻找不到民間信仰常見的籤筒與筊杯，不知該如何與佛菩薩溝通。有的人會突發奇想，使用硬幣的正反兩面，代替筊杯。

佛教不設籤筒與筊杯，是因爲佛教徒信因果、因緣，不談論命運定數，也不求神問卜。佛教認爲不只要信仰佛菩薩，也要相信自己。如果對自己沒有自信心，只信對方是沒有用的，要自信、信他，才能夠「感應道交」。求者自己有所感，佛菩薩始能有所應，有誠心就是感，誠心產生力量就能使內在的自己和心外的對象，彼此之間互相交通。因此，佛教認爲既要相信三寶，也要相信自己，並發願努力，對自己的人生負責。

（吳瑞恩　攝）

Question

44

寺院座位爲何要分東、西單？

與朋友們一起參訪寺院時，都會希望能一起活動、一起用餐，比較方便。但是在用餐時，寺院齋堂大都是分爲東單、西單兩大區，男、女衆要分開坐，有的人便不了解，爲什麼男、女同學或朋友不能坐在一起用餐。

男眾位東單，女眾位西單

東單、西單的「單」字，是指座位。面向佛像，以中央走道爲界，右邊稱東單，左邊稱西單，男衆座位在東單，女衆座位在西單。佛寺不論是用餐、聽課，或是舉辦法會、禪修、念佛等活動，通常都會分男、女二衆，男衆位於東單，女衆位於西單，出家衆在前，在家衆位於其後。

男衆位於東單的原因是，中國方位以東方爲尊，表示尊重比丘。佛陀時代，男衆先出家，女衆較晚出家，因此特別敬重比丘，不但位於東單，行走順序，也是比丘先行。

活在當下，專注修行

寺院座位分爲東、西兩單，男、女衆分開坐，也有助於專心修行。在寺院用餐時，不妨也藉此機會體會專心用餐的感覺，找回失落在忙碌生活裡的活在當下自在感。

Question

45

晚上去寺院易冒犯佛菩薩嗎？

由於民間信仰有一說法，說上午陽氣重、正神多，所以最好選擇上午時段去廟裡拜拜，反之，下午與晚上陰氣重、鬼神多，不宜去廟裡，以免與鬼神沖撞犯煞，輕則破財，重則生病。人云亦云下，有的人便誤以為晚上不便去寺院，是因爲會沖犯佛菩薩。

基於安全考量不開放

其實有的寺院晚上不開放，是因爲位居偏遠山林，考慮住衆安全而不開放，與佛菩薩無關。如果眞有沖犯問題，僧衆晚上便不會在佛殿禪坐共修，或是講經說法，而且很多道場都是在晚間，爲一般大衆開設佛學課程與共修活動。甚至日本很多寺院，晚上還針對一般民衆開放茶道體驗課程，或各類藝文活動。

以智慧判斷民間禁忌

民間信仰有很多的禁忌，本非源自正信的佛教，卻常被誤認爲是佛教的禁忌。我們面對各種禁忌說法，需要有判斷的智慧。

（胡麗桂　攝）

Question
46
家有喪事就不能參訪寺院嗎？

由於民間有喪家百日不進廟的習俗，使得很多亡者家屬雖然想帶家人參訪寺院散心，或是禮佛爲亡者祈福，讓心裡能得到一些寬慰的力量，卻因此不敢前往寺院，擔心將喪家煞氣帶至寺院，招惹佛菩薩不悅。

送未來佛至佛國淨土

佛教不但稱死亡爲往生，更稱喪事爲佛事，認爲亡者死後就往生佛國淨土修行，爲亡者做佛事即是送未來佛至佛國淨土。既然是莊嚴隆重的佛事，亡者家屬至佛寺禮佛，自然是理所當然的事，只會帶來吉祥和氣，不會有可怕煞氣。

（吳瑞恩　攝）

亡者家屬應親自至佛寺修行祈福

佛教甚至鼓勵亡者家屬，最好能親自至佛寺參加修行活動，爲亡者祈福做功德，透過虔誠的感應道交，讓亡者有機會聽聞佛法的解脫。因此，不但不會觸犯禁忌，反而能讓生者與亡者，生死兩相安。

Question

47 女性生理期來不能去寺院嗎？

不少女性在生理期間，不敢進入寺院參訪，甚至不敢在佛前上香、誦經、禪坐、念佛，害怕因爲自己的身體不潔淨，引起神佛瞋怒，招致不快，其實這是無稽之談。

鬼神嗜血食

會有這種禁忌想法，其實是受到民間信仰的鬼神禁忌影響。因爲鬼神嗜血食，見血起貪，可是生理的經血，不是鮮血，而會有被侮辱和作弄的瞋怒反應。所以，生理期的女性，進入神鬼的宗祠、廟宇、殿堂，可能引起不良的後果。

（江思賢　攝）

心無罣礙便自在

但是佛教的比丘尼生活於寺院，每天與經像、法物爲伴，從未由於生理期間，發生所謂沖剋的問題，而帶來災難。因此，女性生理期來不能去寺院，這種禁忌說法便不攻自破。只要心無罣礙，所到之處皆能平安自在。

Question

48

寺院有不方便參觀的地方嗎？

即使是到熟悉的親朋好友家參訪，通常也會有如臥房一類不便參觀處。寺院因爲是修行團體，爲確保住衆隱私，修行不受干擾，以及照顧安全性問題，所以很多地方都不便參觀。有時寺院會直接立牌說明謝絕參訪。例如法師居住的僧房、料理食物的廚房、閉關的關房，或是辦公室等，皆不宜參觀。

此外，如在佛七、禪七的共修活動時，或僧結夏安居時，寺院會設定「結界」，以斷除修行干擾。不只參與共修者，不能跨出結界，外來的參訪者，同樣也不能跨入結界。如不清楚可以參訪哪些地方，不妨請知客處協助做介紹與說明，這樣便能安心參訪，感受寺院的靜謐氛圍。

（張晴　攝）

Question

49

佛前許願成眞要到寺院還願嗎？

每個人參訪寺院的動機不一定相同，有的人因爲聽說某某寺院的佛菩薩非常靈驗，所求必應，甚至不遠千里搭機出國朝聖。但是當心願眞的滿願時，卻不知應該如何報恩還願，擔心如果不盡快至寺院還願，可能反轉福爲禍。

學佛菩薩發大願

佛教常勉勵人要發願，學佛成佛，學菩薩做菩薩。〈四弘誓願〉是所有佛菩薩共同必發的通願，依願而行佛道：「衆生無邊誓願度，煩惱無邊誓願斷，法門無量誓願學，佛道無上誓願成。」佛菩薩修行度衆猶恐來不及，絕不會有因信衆不酬神謝恩，而招致詛咒。

（李東陽　攝）

有願就有力

如果希望能報佛菩薩的恩，最好的方式不是回到寺院獻納供品，而是學佛菩薩一起同發好願、同做好事，爲自己與世界共同祈福。

Question

50

可請法師開光、加持佛像與念珠做紀念嗎？

寺院的知客處裡，常會有免費結緣的小尊佛像、佛像照片與念珠，主要是希望能與參訪者廣結法緣，並非做爲旅遊紀念品，或是護身符。

佛菩薩無處不在

大部分的人會想請法師開光、加持佛像與念珠，是希望能增加福氣，帶來好運，少部分人的人則是擔心民間禁忌，如果佛像未經開光就帶回家，可能反招鬼神，影響健康與運氣，不如不帶爲宜。

以佛教的觀點來看，諸佛菩薩無處不在，無處不應，一切方位都有十方諸佛、十方三寶、護法龍天，並不需要特別開光，才能祈求吉祥。

幫自己開心光

與其請法師開光、加持，不如親自參與佛寺修行，學習佛法的慈悲與智慧，幫自己開心光、開智慧。因爲佛教認爲人人皆有佛性，皆是未來佛，只因困於種種煩惱，而不能見得自己的清淨心與諸佛無異。透過修行的方法轉煩惱爲智慧，便能撥雲見日。

（李東陽　攝）

學佛入門Q&A 7

參訪寺院50問

50 Questions on Visiting Temples and Monasteries

編著	法鼓文化編輯部
攝影	王傳宏、江思賢、李東陽、李蓉生、吳瑞恩、吳嘉峯、胡麗桂、許朝益、許翠谷、郭金典、陳重光、張晴、鄧博仁、釋果禪、釋常照
出版	法鼓文化
總監	釋果賢
總編輯	陳重光
編輯	張晴、林文理
美術設計	和悅創意設計有限公司
地址	臺北市北投區公館路186號5樓
電話	(02)2893-4646
傳真	(02)2896-0731
網址	http://www.ddc.com.tw
E-mail	market@ddc.com.tw
讀者服務專線	(02)2896-1600
初版一刷	2016年2月
建議售價	新臺幣160元
郵撥帳號	50013371
戶名	財團法人法鼓山文教基金會—法鼓文化
北美經銷處	紐約東初禪寺 Chan Meditation Center (New York, USA) Tel: (718)592-6593 Fax: (718)592-0717

法鼓文化

國家圖書館出版品預行編目資料

參訪寺院50問 / 法鼓文化編輯部編著. -- 初版.
-- 臺北市 : 法鼓文化, 2016. 02
面； 公分
ISBN 978-957-598-694-0(平裝)

1.寺院 2.佛教修持 3.問題集

227.022 104027827